BEI GRIN MACHT SICH IHR WISSEN BEZAHLT

AF145641

- Wir veröffentlichen Ihre Hausarbeit,
  Bachelor- und Masterarbeit

- Ihr eigenes eBook und Buch -
  weltweit in allen wichtigen Shops

- Verdienen Sie an jedem Verkauf

Jetzt bei www.GRIN.com hochladen
und kostenlos publizieren

Bibliografische Information der Deutschen Nationalbibliothek:

Die Deutsche Bibliothek verzeichnet diese Publikation in der Deutschen National-bibliografie; detaillierte bibliografische Daten sind im Internet über http://dnb.d-nb.de/ abrufbar.

Impressum:

Copyright © 2016 GRIN Verlag, Open Publishing GmbH
Druck und Bindung: Books on Demand GmbH, Norderstedt Germany
ISBN: 9783668450653

Dieses Buch bei GRIN:

http://www.grin.com/de/e-book/365711/der-russlandfeldzug-napoleons-vertreibung-aus-russland-und-das-ende-seiner

Johanna Schreiber

Der Russlandfeldzug. Napoleons Vertreibung aus Russland und das Ende seiner Macht

GRIN Verlag

GRIN - Your knowledge has value

Der GRIN Verlag publiziert seit 1998 wissenschaftliche Arbeiten von Studenten, Hochschullehrern und anderen Akademikern als eBook und gedrucktes Buch. Die Verlagswebsite www.grin.com ist die ideale Plattform zur Veröffentlichung von Hausarbeiten, Abschlussarbeiten, wissenschaftlichen Aufsätzen, Dissertationen und Fachbüchern.

Besuchen Sie uns im Internet:

http://www.grin.com/

http://www.facebook.com/grincom

http://www.twitter.com/grin_com

Landesgymnasium Sankt Afra

Wie gelang es Zar Alexander I., Napoleon aus Russland zu vertreiben und der Macht Napoleons ein Ende zu setzten?

Name: Johanna Schreiber

Fach: Geschichte

Abgabedatum: 01.06.2016

1 Inhaltsverzeichnis

2 Einleitung

„Ein guter General verbraucht pro Jahr mindestens 10.000 Mann"[1]

Dieses Zitat von Napoleon Bonaparte verdeutlicht, nach welchem Motto er Kriege geführt hat. Dies spiegelt sich auch in der Anzahl der Soldaten wieder, die während des Russlandfeldzuges starben: mehr als 400 000 auf französischer Seite, auf russischer ebenfalls bis zu 400 000. Diese Zahlen geben eine Einleitung in das Themengebiet des Russlandfeldzuges von Napoleon im Jahr 1812. Mit diesem Thema wird sich auch die hier vorliegende Trimesterarbeit beschäftigen, genauer gesagt mit der Problemfrage *„Wie gelang es Zar Alexander, Napoleon aus Russland zu vertreiben und der Macht Napoleons ein Ende zu bereiten?"*. Diese Problemfrage wird die Autorin mit der im folgendem vorgestellten Gliederung bearbeiten: Zunächst werden die wichtigsten Beteiligten vorgestellt: der russische Zar Zar Alexander der I. und der französische Kaiser Napoleon Bonaparte, die zu der Zeit des Russlandfeldzuges die führenden Persönlichkeiten der beteiligten Länder Russland und Frankreich waren. Als nächstes werden die Ereignisse, die zu dem Russlandfeldzug geführt haben, erklärt. Anschließend wird dargelegt, welche Ziele Frankreich beziehungsweise Russland verfolgten. Nachdem dies geklärt ist, wird der Verlauf des Russlandfeldzuges dargelegt. Dieser Verlauf wird nicht nur den kriegerischen und politischen Ablauf des Russlandfeldzuges schildern, sondern auch Einblicke in das Soldatenleben geben. Im darauf folgendem Kapitel wird verdeutlicht, inwieweit Russland und Frankreich ihre Ziele verwirklichen konnten, und welche sonstigen Folgen der Russlandfeldzug mit sich brachte. Als letztes wird das Schlusswort die wichtigsten Erkenntnisse dieser Trimesterarbeit noch einmal zusammenfassen, und die Problemfrage wird beantwortet. Da eine Trimesterarbeit aber nicht alle Aspekte eines Themengebietes beleuchten kann, möchte die Autorin an dieser Stelle für interessierte Leser zwei Schriftstücke empfehlen: Eine sehr wichtige Quelle für diese Trimesterarbeit war der Artikel *Russlandfeldzug- durch Feuer und Eis* von Ulrike Moser in der Zeitschrift GEO EPOCHE Nummer 55: Napoleon und seine Zeit 1769-1821. Er beschäftigt sich vor allem mit den Vorgeschehnissen und dem Ablauf des Russlandfeldzuges und ist sehr ansprechend geschrieben. Für diejenigen, die mehr über Napoleon, sein Leben und seine

---

[1] Unbekannter Autor. Der Feldzug gegen Russland (1812), http://www.badische-jaeger-1832.de/geschichtliches/feldzugrussland1812/, 18.05.2016.

Errungenschaften erfahren wollen, empfiehlt die Autorin das Buch *Napoleon* von Ullrich Volker (Rowohlt Taschenbuch Verlag). Da dieses Buch im Jahr 2010 veröffentlicht wurde, ist es noch aktuell und von daher ebenfalls sehr empfehlenswert.

3 Wichtige Beteiligte

3.1 Napoleon Bonaparte

Am 15. August 1769 wurde Napoleon Bonaparte als zweites Kind seiner Eltern Carlo und Letizia Bonaparte geboren. Neben ihn brachten sie noch sieben andere Kinder zur Welt, die ihre Mutter allesamt anhimmelten. Napoleon wuchs in seiner Geburtsstadt Ajaccio auf Korsika auf, welches zu dieser Zeit von der Republik Genua beherrscht wurde. Korsika jedoch hatte im Mai 1768 seine Souveränitätsrechte an Frankreich abgegeben, wogegen sich die Einwohner zunächst widersetzten. Im Mai 1768 erlitten sie bei der Schlacht bei Pontenuovo eine deutliche Niederlage und mussten sich somit unterwerfen. Zu den frühesten und prägnantesten Erinnerungen in Napoleons Kindheit gehörten somit Beschwerden über die verflossene Freiheit und über die Opfer der französischen Besatzungsmacht. Dazu gehörten auch Geldsorgen, die auch bei der Familie der Bonapartes nicht ausblieben. Da Carlo Bonaparte sich jedoch von seinem Gönner Bischof Marbeuf Stipendien für seine zwei ältesten Kinder erbat, war es für Napoleon dennoch möglich eine königliche Militärschule in Frankreich zu besuchen. Im Dezember 1778 verließ Napoleon Korsika also und lernte auf Collège von Autun zunächst ein Jahr lang französisch, bevor er eine Militäranstalt in Brienne besuchte. Zunächst wurde er aufgrund seines seltsamen Akzentes und seiner klein-gewachsenen Erscheinung ausgeschlossen, aber in den viereinhalb Jahren, die er in Brienne verbrachte, lernte er sich Respekt zu verschaffen. Diese Eigenschaft sollte ihm später noch zugute kommen. Auch seine Vorliebe für militärische Angelegenheiten bildete sich während dieser Zeit ab.[2] Mit seinen guten Leistungen arbeitete sich Napoleon bis zur renommiertesten Militärschule Frankreichs hinauf. Schließlich wurde er zum Premierleutnant befördert. Da er aber seinen genehmigten Urlaub mehrmals überschritt, wurde er aus diesem Amt wieder enthoben. Um sich zu rechtfertigen fuhr er nach Paris, wo er nicht nur seinen Wiedereinsatz erreichte, sondern auch zum

---

[2] Ullrich, Volker: Napoleon. Der kleine Korse. Hamburg 2010[2], S. 12 ff.

Hauptmann befördert wurde. Dies ist mit dem Umstand zu erklären, dass die französische Revolution mittlerweile in vollem Gange war, und jeder Offizier gebraucht wurde. Von nun an war seine militärische Karriere ein auf und ab, bis in das Jahr 1796 hinein. Zwei Tage nachdem er Joéphine de Beauharnais heiratete, trat er seine neue Stellung als Befehlshaber der Armee gegen Italien an.[3] Er rüstete die Armee entscheidend auf und gewann viele Schlachten. Seinem zunächst größtem Erfolg im Jahr 1797, mit dem er von Österreich Belgien und fast das gesamte linke Rheinufer gewann,[4] folgte zwei Jahre später die Wahl zum Konsul von Frankreich für zehn Jahre. Damit hatte er nun die volle Macht. Formal herrschten zusammen mit Napoleon zwar noch zwei Mitkonsule, welche ihn in der Realität jedoch nur berieten. Doch der nächste Krieg gegen Österreich lies nicht lange auf sich warten: in den Jahren 1799 und 1800 führte er wieder Krieg gegen Österreich, welchen er endgültig erst am 3. Dezember 1800 gewann. Nachdem am 9. Februar 1801 in Lunéville der Friedensvertrag unterzeichnet wurde, probten nur noch England und Russland Widerstand gegen Frankreich. Doch am 25. März 1802 wurde auch dieser Krieg beendet. Ganz Frankreich feierte Napoleon als Friedensstifter und als Dank wollte der Senat sein Konsulat um zehn weitere Jahre verlängert. Doch dies wollte Napoleon nicht annehmen, ohne zuvor die Meinung des Volkes zu hören. Also führte er eine Abstimmung durch. Die gestellte Frage ging allerdings über den Beschluss des Senates hinaus: auf die Frage *„Soll Napoleon Bonaparte Konsul auf Lebenszeit sein?"* antworteten 3 508 890 Franzosen mit *Ja*, für *Nein* dagegen stimmten nur 8 374 Franzosen. Damit war Napoleon nun praktisch Alleinherrscher. Ein großer Schritt hin zur Kaiserkrone war der im März 1804 erschaffene Code Civil. Ein Monat später, im April, schlug also ein Mitkonsul vor, Napoleon zum Kaiser der Franzosen zu krönen. Nachdem der Senat am 18. April seine Zustimmung gab, wurde Napoleon am 2. Dezember 1804 nach monatelangen Vorbereitungen und Proben zum Kaiser der Franzosen erklärt. Somit hatte Bonaparte nicht nur seine Macht innerhalb Frankreichs gestützt, sondern auch seine Position gegenüber europäischen Machthaber ausgebaut.[5]

---

[3]Ullrich, Volker: Napoleon. Aufstieg mit Fortune. Hamburg 2010². S. 23 ff.
[4]Ullrich, Volker: Napoleon. General des Direktoriums. Hamburg 2010². S. 36 ff.
[5]Ullrich, Volker: Napoleon. Vom Konsul zum Kaiser. Hamburg 2010². S. 51 ff.

3.2 Zar Alexander I.

Alexander Romanow wurde am 23. Dezember 1777 in St. Petersburg geboren. Er war der erste Sohn des russischen Großfürsten Paul I. und seiner zweiten Frau Prinzessin Sophia von Württemberg, in den nächsten zwanzig Jahren wurden ihm jedoch noch neun Geschwister geboren. Verantwortlich für die Erziehung Alexanders war vor allem die Mutter des Großfürsten, die Zarin Katharina die Große. Das Verhältnis zwischen der Zarin und ihrem Sohn war jedoch sehr schlecht, was auch auf das Verhältnis zwischen Alexander und Paul abfärbte: Der Großfürst betrachtete Alexander mehr als Konkurrenten als ein Sohn und war ihm gegenüber sehr misstrauisch. Im Alter von 16 Jahren, 1793, heiratete Alexander schließlich die Prinzessin Luise von Baden. Da diese Ehe aber aus politischen Gründen arrangiert war, blieb die Ehe freudlos und zunächst auch ohne Kinder. Erst im Jahr 1799 und 1806 noch einmal gebar Luise zwei Töchter, von denen jedoch keine zwei Jahre alt wurde. Als im November 1796 Katharina die Große starb, wurde Alexanders Vater Paul zum Zar, was Alexander zum Thronfolger beförderte. Der neue Zar überholte die Innen- und Außenpolitik seiner Mutter gründlich, denn auch diese war ein Streitpunkt zwischen den beiden gewesen. Allerdings wurde er als geisteskrank eingestuft, und aufgrund seines aufbrausenden Charakters überall gehasst. Daher sollte er schließlich abdanken. Da er sich aber weigerte, dies zu tun, wurde er in der Nacht vom 11. März 1801 zum Opfer einer Verschwörung und wurde von Mitarbeitern aus dem Schloss erwürgt und erschlagen. Da Alexander der Thronfolger war, wurde er am 24. März des selben Jahres zum nächstem Zar von Russland gekrönt. Noch neu im Amt, musste er als erstes eine drohende Seeschlacht mit Großbritannien verhindern, was ihm jedoch schnell gelang, nachdem er darauf hinwies, dass er nun seinen Vater abgelöst hatte.[6] Zunächst war er begeistert von einer liberalen Regierungsform und hatte das Bedürfnis, Russland zu erneuern. Er strebte nach einer Gewaltenteilung in Exekutive, Legislative und Judikative. Zudem wollte er das Volk in wichtige Entscheidungen mit einbeziehen, sogar die Klasse der Bauern, was zu der damaligen Zeit unüblich war. Bei dem Volk machte er sich beliebt, indem er zahlreiche Reformen durchführte, von denen schlussendlich aber viele wirkungslos waren. Zudem öffnete er Russlands Grenzen wieder, die seine Vorgänger geschlossen hielten. Somit konnten Studenten wieder in das Ausland

---

[6]Coladores T. und Pellewserbe. Zar Alexander I. von Rußland, http://home.arcor.de/thomas_siebe/zaralex.html, 28.04.2016.

---

reisen und Bücher aus dem Westen fanden Zutritt nach Russland. Durch diese Bücher inspiriert, brachten russische Verlage Bücher auf den Markt, die den Grundstein für eine neue russische Kultur lieferten.[7] Aus seinem Traum einer liberalen Verfassung wurde jedoch nichts, da sie nicht unterschrieben wurde. Das moderne Russland, von dem er geträumt hatte, war nicht zustande gekommen, weil der Adel Widerstand leistete. Durch diese Tatsachen und die vielen Schlachten, die er führen musste, verfiel er nach und nach immer mehr in Depressionen und Paranoia. Während einer Reise in den Süden Russlands in die Stadt Taganrog, die die Gesundheit seiner schwerkranken Frau wiederherstellen sollte, zog er sich eine Erkältung zu. Da er so geschwächt war, war sein Körper nicht in der Lage, den Virus zu bekämpfen. Zar Alexander I. von Russland starb am 1. Dezember 1825. So zumindest die offizielle Version. Denn das Gerücht, dass er noch weiterlebte, machte damals schnell die Runde. Zum einen wurde offiziell berichtet, dass er schon vor seiner Reise sehr krank war, während sein Leibarzt nur von Schlafstörungen berichtete. Auch erwähnte seine Ehefrau seine vermeintliche Krankheit nur einmal mit den Worten, dass er „nicht fieberfrei" sei. Zudem wurde von dem Leibarzt Alexanders eine stark vergrößerte Milz festgestellt, die bei dem Toten jedoch keinerlei Schäden aufwies. Als dann bei dem Trauerzug nach Sankt Petersburg das Volk einen letzten Blick auf den Leichnam werfen wollte, dies jedoch strikt verweigert wurde, kam man auf die Idee, dass der tote nicht Alexander sei. Man erzählte sich, dass Alexander nach Sibirien geflohen wäre, um als einfacher Mönch zu leben. Tatsächlich tauchte im Jahr 1840 ein Mann auf, der angeblich Fjodor Kusmitsch hieß, tatsächlich aber erstaunlich wie der verstorbene Zar aussah und sehr viele, genaue Details über das Hofleben und die Kriege gegen Napoleon zu erzählen wusste. Der spätere Zar Alexander II. wollte im Jahr 1866 dem Gerücht nachgehen, dass der Verstorbene nicht Alexander sei. Also ließ er das Grab seines Onkels in St. Petersburg öffnen, mit dem Ergebnis, dass der Sarg leer war. So ranken sich auch heute noch Mythen um das Ableben von Zar Alexander I, denn eindeutig beweisen konnte man bis heute keine der beiden Varianten.[8]

---

[7]Klein, Eugen. Alexander I, http://www.petersburg-info.de/html/alexander_i.html, 28.04.2016.
[8]Von Flocken, Jan. Alexander I. – Ein Zar verschwindet, http://www.welt.de/kultur/history/article996876/Alexander-I-Ein-Zar-verschwindet.html, 03.05.2016.

4 Ursachen des Russlandfeldzuges

Dieser Krieg muss der letzte sein![9] Diese Worte verkündete der französische Kaiser Napoleon Bonaparte, bevor er im Jahr 1807 seine vermeintlich letzte Schlacht gegen Russland schlug, nach dieser der ewige Frieden folgen sollte. Zu diesem Zeitpunkt hatte er bereits fast ganz Europa unter seiner Macht. Einzig England und Russland widersetzten sich ihm noch. England wollte er bezwingen, indem er Russland unterwarf und dazu zwingen wollte der Kontinentalsperre beizutreten. Damit wäre für England Europa als Handelspartner verloren. Nach seinem Plan hätte England sich danach unterworfen und Napoleon hätte ganz Europa unter seiner Macht. Also schlug er am 14. Juni im Jahr 1807 bei Friedland eine Schlacht gegen Russland, die er auch prompt gewann. Am 25. Juni kamen Kaiser Napoleon und Zar Alexander I. nun in Tilsit zusammen und handelten einen Friedensvertrag aus, welcher für beide vorteilhaft erschien: Russland musste weder Teile seiner Territoriums an Frankreich abgeben, noch Kriegsentschädigungen zahlen. Im Gegenzug musste der Zar die Eroberung von Napoleon und dessen System von Satellitenstaaten[10] in Deutschland und Italien anerkennen. Auch musste Alexander zustimmen, dass Napoleon die polnischen Provinzen von Preußen, Russlands altem Bündnispartner, zu dem Herzogtum Warschau vereinigten durfte. Damit besaß Frankreich nun einen Satellitenstaat mehr. Der größte Verlust von Russland bestand jedoch darin, dass Russland der Kontinentalsperre gegen England beitreten musste. Dies war ein großer Abstrich, da der russische Handel abhängig von englischen Importen war. Daher zeigten sich schon ein Jahr nach Tilsit Risse in dem Bündnis. Russland sah das damals gegründete Herzogtum Warschau nun als Bedrohung und Ausgangsbasis für einen Angriff und der russische Adel war von Anfang an gegen das Bündnis mit Frankreich. Auch wurde die Kontinentalsperre gegen England nicht mehr tragbar. Also befahl Zar Alexander I. am 31. Dezember 1810, die russischen Häfen wieder für Schiffe mit englischen Handelsgütern zu öffnen. Als die englischen Waren durch Russland nun auch in andere Länder, wie zum Beispiel nach Deutschland, kamen, verlor die Kontinentalsperre an Sinn und brachte keine Einschränkungen für England mehr. Napoleons Entschluss stand also fest: Er würde wieder Krieg führen.[11]

---

[9]Ullrich, Volker: Napoleon. Die Krise des napoleonischen Systems. Hamburg 2010². S. 93.
[10]Das Wort *Satellitenstaat* ist eine Bezeichnung für einen Staat, der formal zwar unabhängig ist, tatsächlich aber von einer Großmacht abhängig ist. Dieser kontrolliert den Satellitenstaat vor allem in der Politik. Siehe: Academic dictionaries and encyclopedias. Universal-Lexikon. Satellitenstaat, http://universal_lexikon.deacademic.com/117669/Satellitenstaat, 15.03.2016.
[11]Moser, Ulrike: 1812: Russlandfeldzug-Durch Feuer und Eis, in: GEO EPOCHE, Nr. 55, S. 124 ff.

5 Ziele

Wie bei jedem Krieg hatten auch die Beteiligten des Russlandfeldzuges unterschiedliche Ziele, die sich nur schlecht beziehungsweise gar nicht miteinander kombinieren ließen und sich grundlegend widersprachen. Diese werden im folgendem präsentiert.

5.1 Für Frankreich

Frankreich sah in dem Russlandfeldzug die Hoffnung, sein großes Ziel zu erreichen: Napoleon wollte Russland besiegen und damit wieder in die von ihm auferlegte Kontinentalsperre zwingen. Das sollte dazu führen, dass England keinen Handel mit Europa betreiben könnte, und somit kein Abnehmer mehr für die Kolonialwaren hatte. Auch dürften keine Waren mehr aus Europa importiert werden, damit in England an wichtigen Rohstoffen Mangel herrscht. Für Napoleon schien dies keine große Herausforderung, da er bisher von einem Sieg bis zum nächstem geeilt war. Er konnte sich also genauso wenig wie ganz Europa vorstellen, dass ihn jemand schlagen könnte.[12]

5.2 Für Russland

Zar Alexander hatte das Ziel, Napoleon zu besiegen um zu verhindern, wieder der Kontinentalsperre beitreten zu müssen. Denn diese würde zwar den Englischen Handel lahmlegen, aber auch den eigenen, der abhängig von englischen Importen war. Alexander seinerseits fühlte sich von Napoleon aber auch hintergangen, denn da Frankreich sehr viel mehr Getreide und Wein produzierte, als es benötigte, führte Napoleon Lizenzen ein: französische Schiffe durften Waren nach England bringen, und mit englischen Waren beladen zurück nach Frankreich kehren. Diese Waren wurden dann für sehr viel mehr Geld verkauft, als sie zuvor gekostet hatte. Somit profitierte Frankreich doppelt von der Kontinentalsperre. Zum einen verdiente es an diesen Importen viel Geld, zum anderen aber wurden dennoch nicht genug Waren aus England exportiert oder nach England importiert, so dass in England die Wirtschaft grundlegend geschwächt wurde. Für diese Lizenzen wollte sich Alexander also rächen. Auch ahnte er, dass er im Falle einer Niederlage nicht noch einmal so glimpflich wie bei dem letztem Fehlschlag gegen Frankreich davon kommen würde. Denn nach diesem hatte Russland sich nicht an die ihm auferlegten

---

[12]Moser, Ulrike: 1812: Russlandfeldzug-Durch Feuer und Eis, in: GEO EPOCHE, Nr. 55, S. 126 ff.

Beschränkungen gehalten. Da Napoleon dieses Risiko sicher nicht noch einmal auf sich nehmen würde, musste Zar Alexander eine Niederlage um jeden Preis verhindern.[13]

6 Verlauf

Am 9. Mai 1812 verließ Napoleon nach zahlreichen Kriegsvorbereitungen, wie zum Beispiel der Einberufung der Soldaten, schließlich seinen Wohnsitz, dass Schloss von Saint-Cloud. Eine Woche später erreichte er mit seinem Heer Dresden, wo er mit einem glamourösem Staatsakt begrüßt wurde. Dass an diesem Treffen fast alle Fürsten und Könige Deutschlands teilnahmen, sollte Alexander verängstigen und ihm zum aufgeben bringen. Doch dieser Gedanke lag ihm fern: dass er den Krieg bei Friedland verlor, ärgerte ihn immer noch, sodass er Rache nehmen wollte. Da Alexander nicht aufgeben wollte, folgte Napoleon am 29. Mai also seinen Truppen den Njemen[14] entgegen. Auf dem Weg zum Njemen kontrollierte er überall seine Vorräte und Truppen, um sich zu vergewissern, dass alles seine Ordnung hat. Am 23. Juni erreichte er schließlich den Grenzfluss. Am Abend des 24. überqueren die ersten drei Kompanien den Fluss in Booten, während für die restlichen Soldaten Brücken errichtet wurden. Nachdem die ersten Brücken fertiggestellt waren, überquerten auch die Soldaten, welche sich noch nicht auf russischer Seite befanden, den Fluss, gefolgt von Napoleon. Er hatte den Plan, nach Wilna zu eilen, um dort die russische Armee in einer groß angelegten Schlacht zu besiegen und den Zaren zum Aufgeben zu zwingen.[15] Doch auf Anweisung des Befehlshabers der russischen Armee hatten die Soldaten sich tief in das Landesinnere zurückgezogen. Dies war insofern ein kluger Schachzug, da die russische Armee sehr viel weniger Soldaten hatte als die französische, und somit einer Schlacht erst einmal ausweichen konnte. Zudem musste nun das französische Heer tagelang marschieren, was entsprechend an den Kräften zehrte. Aufgrund des Marschtempos konnten die Verpflegungswagen nicht mehr mit den Soldaten mithalten und fielen zurück. So konnten die Soldaten nicht richtig mit Essen versorgt werde, was schnell zu Mangelerscheinungen führte. Als sie am 28. Juli schließlich in Wilna ankamen, brannte die Stadt. Denn die russischen

---

[13]Kleßmann, Eckart: Die Verlorenen- Die Soldaten in Napoleons Rußlandfeldzug. Ein Krieg wird vorbereitet. Berlin 2012[1]. S. 15 ff.

[14]Der Njemen markierte um 1812 den Grenzfluss zu Russland. Siehe: Elbin, Günther. 1812: Die Konvention von Tauroggen, http://www.volksdeutsche-stimme.de/heimkunde/konventiontaurogg_de.htm, 09.05.2016.

[15]Moser, Ulrike: 1812: Russlandfeldzug-Durch Feuer und Eis, in: GEO EPOCHE, Nr. 55, S. 127 ff.

Soldaten, die zuvor dort stationiert waren, zündeten alle Essensvorräte an, bevor auch sie sich zurückzogen. So fanden die Soldaten der französischen Armee auch dort keine Vorräte. Dennoch verweilte Napoleon 18 Tage in Wilna. Dies lässt sich damit begründen, dass er nicht wusste, welche Absichten der Zar verfolgte und somit unentschlossen war, wie er reagieren sollte. Diese 18 Tage musste Napoleon nun wieder aufholen, da er sich keine Pause erlauben konnte, wenn er die russischen Soldaten einholen wollte. Also zwang er die Armee zu Gewaltmärschen.[16] Da es jedoch bis zu 36°C warm wurde und Wasser für die Soldaten mittlerweile zum Luxusgut geworden war, starben zahlreiche Soldaten an Dehydrierung und Erschöpfung. Dennoch eilte Napoleon weiter und erreichte am 28. Juli Witebsk. Doch auch da fand er keine Soldaten der russischen Armee vor. Als die französische Armee am 17. August schließlich in Smolensk ankam, war dies eine Erleichterung für Napoleon: Zum erstem Mal, seit er mit seiner Armee russischen Boden betreten hat, stellen sich die Gegner zum Kampf. Doch Napoleons Freude währte nicht lange, da sich das russische Herr bereits am Morgen des 18. August wieder zurückzog. Somit hatte Napoleon mit seiner Armee aus dieser Schlacht nichts gewonnen, aber 7 000 Soldaten weniger als zuvor. Die Soldaten, die nur leicht verletzt wurden, kämpften weiter, aber die Toten und schwer Verletzten wurden zurückgelassen. Somit verlor die Grande Armée wieder an Waffenträgern: Von den ehemals mehr als 600 000 Soldaten kommandierte Napoleon nur noch 180 000 kampffähige.[17] Mit diesen wollte er zunächst in Smolensk bleiben, damit sie sich erholen könnten, um im nächstem Jahr für die Schlacht gegen die Truppen von Zar Alexander gestärkt zu sein. Doch auch diese Stadt war bereits ausgebrannt, sodass sich keinerlei Nahrung finden ließ. Es gab also zwei Möglichkeiten: Entweder würde Napoleon mit seinen Truppen den Rückzug antreten, oder er würde weiter marschieren. Die erste Möglichkeit zog Napoleon aber nicht näher unter Betracht. Als einen Grund dafür lässt sich nennen, dass er daran glaubte, dass mit einer Niederlage der Glaube an ihn und seine Unbesiegbarkeit verschwinden würde. Zudem war Moskau nur noch 400 Kilometer entfernt. Moskau war insofern das Ziel von Napoleon, dass er glaubte, dort die Armee der Russen zu erreichen. In seiner Vorstellung würde er sie dort zum Kampf fordern und gewinnen. Aber Moskau zu erreichen,wurde zur Qual. Denn während die Russen sich immer weiter zurückzogen, räumten sie die Städte und

---

[16]Tarlé, Eugen: 1812- Russland und das Schicksal Europas. Vom Einmarsch der Grossen Armee bis zu ihrem Angriff aus Smolensk. Berlin 1951[1], S. 66 ff.
[17]Moser, Ulrike: 1812: Russlandfeldzug-Durch Feuer und Eis, in: GEO EPOCHE, Nr. 55, S. 131 ff.

setzten diese anschließend in Brand. Somit waren keine Lebensmittel zu finden, und die Soldaten der Franzosen wurden immer mehr von Hunger geplagt. Anders war währenddessen die Situation in der Armee von Zar Alexander. Während sie die Toten schnell durch kräftige und erholte Männer ersetzen konnten, mussten die Reserven der Franzosen weite Strecken in kürzester Zeit zurücklegen und waren schon erschöpft, wenn sie die Armee erreichten. Auch wurden die Truppen des Zaren durch Lieferungen von Nahrung aus Moskau versorgt. Trotz der vielen Vorteile fürchtete Zar Alexander eine Niederlage bei Moskau. Daher setzte er General Michail Kutusow als neuen Oberbefehlshaber der Armee ein. Dieser war bei den Soldaten sehr beliebt und sollte die Moral noch einmal festigen. Unter ihm zog sich die russische Armee bis nach Borodino zurück und bereitete sich auf ein großes Gefecht vor.[18] Am Morgen des 7. September begann die Schlacht. Nun war die Armee von Alexander zahlenmäßig überlegen: Kutusow befehligte ein Herr von 150 000 Männern, das von Napoleon umfasst circa 130 000 Soldaten. Von diesen überlebten nur etwas mehr als 100 000 Soldaten dieses blutige Massaker. Auf russischer Seite starben sogar ungefähr 45 000 Soldaten, bevor die Überlebenden sich am Abend zurückzogen. Letztlich hatte Napoleon diese Schlacht also gewonnen[19], aber der Zar gab dennoch nicht auf. Als das russische Heer am 14. September schließlich in Moskau einmarschierte, hatte der Großteil der Bevölkerung sich jedoch auch hier aus der Stadt zurückgezogen. Daher ließen sich die hochrangigen Offiziere in den verlassenen Villen nieder, während der Kaiser das Kreml, den Wohnsitz von Zar Alexander, bezog. Auch in Moskau brannten alle Vorräte, die nicht mitgenommen werden konnten, doch da die Brände eher klein waren, wurden sie nicht ernst genommen. In der Armee herrschte trotz des großen Hungers eine gute Stimmung. Ein Grund dafür war, dass die Soldaten damit rechneten, bald nach Frankreich zurückkehren zu können. Für sie war der Krieg zu diesem Zeitpunkt schon beendet und sie wogen sich in Sicherheit. Am 16. September um 4 Uhr am Morgen hatten die Brände sich jedoch ausgebreitet und Napoleon verließ die Stadt. Als er am 19. September wiederkehrte, fand er die Stadt völlig zerstört wieder, entschied sich aber dennoch, abzuwarten. Er hoffte immer noch darauf, dass Alexander schließlich aufgeben würde.[20] Als der französische Kaiser einsah, dass der Zar nicht kapitulieren

[18]Tarlé, Eugen: 1812- Russland und das Schicksal Europas. Von Smolensk bis Borodino. Berlin 1951[1], S. 175 ff.
[19]Tarlé, Eugen: 1812- Russland und das Schicksal Europas. Borodino. Berlin 1951[1], S. 204 ff.
[20]Moser, Ulrike: 1812: Russlandfeldzug-Durch Feuer und Eis, in: GEO EPOCHE, Nr. 55, S. 135 ff.

würde, entschied er sich für eine Rückkehr nach Smolensk. Dort sollten neue Reservetruppen warten. Auf dem Weg dorthin trafen seine Soldaten auf russische Truppen. Da die Armee von Napoleon jedoch zahlenmäßig sehr dezimiert war, wichen sie der Schlacht aus. Die einzigen russischen Krieger, gegen die sie auf dem Rückzug kämpften, waren Kosaken. Diese Krieger hatten jedoch nicht den Befehl, Schlachten zu schlagen, sondern Überfälle zu starten und den Franzosen Essen und Schlaf zu stehlen. Weil die Soldaten daher so erschöpft waren, kamen sie nur langsam voran. Daher hatten sie am 6. November Smolensk noch nicht erreicht, als es zu schneien begann. Da die Soldaten keine warme Kleidung hatten, erfroren viele von ihnen.[21] Die Armee, mit der der Kaiser am 9. November in Smolensk ankam, umfasste nur noch 50 000 Krieger, von denen nur noch die wenigsten kampffähig waren. Die Vorräte, die dort vorhanden waren, enttäuschten Naoleons Hoffnungen, denn sie waren bei weitem nicht so groß, wie er sich sie vorgestellt hatte. Also fasste er den Plan, sich bis an den Fluss Beresina zurückzuziehen, um dort die Armee mit frischen Truppen zu verstärken und neu zu formieren. Auf dem Weg dorthin wurde der Hunger jedoch noch schlimmer, sodass die Soldaten teilweise an ihren eigenen Körpern kauten. Aufgrund der Erschöpfung dauerte es weitere zwei Wochen, bis die französische Armee endlich die Ufer der Beresina erreichte.[22] Als sie schließlich zwei Brücken fertig gebaut hatten, überquerten zunächst Napoleon und seine Garde die Beresina. Doch die Zivilisten und Soldaten mussten warten. Als plötzlich russische Kämpfer auftauchten und in die Menge schossen, wurde eine Massenpanik ausgelöst und zahlreiche Soldaten und Zivilisten starben.[23] Zur selben Zeit erreichte Napoleon die Nachricht, dass in Paris der republikanische General Malet den Tod von ihm vorgetäuscht hatte, und eine Übergangsregierung gebildet hat. Daher machte Napoleon sich auf den Weg nach Paris, mit der Absicht, Malet zu töten und den Staatsstreich zu unterbinden. Während der Kaiser also in Paris war, wanderten seine Soldaten weiter Richtung Wilna.[24] Doch da sie so ausgehungert waren, als sie ankamen, teilten sie sich die dort vorhanden Vorräte nicht auf, sondern plünderten sämtliche Vorräte an Nahrungsmitteln . Als schließlich auch noch Kosaken in Wilna

---

[21] Deifel, Josef/ Murken, Julia: Mit Napoleon nach Russland: Tagebuch des Infanteristen Josef Deifel. Regensburg 2012, S. 104 f.
[22]Tarlé, Eugen: 1812- Russland und das Schicksal Europas. Tarutino und Napoleons Abmarsch aus Moskau. Berlin 1951[1], S. 204 ff.
[23]Tarlé, Eugen: 1812- Russland und das Schicksal Europas. Beresina und der Untergang der Großen Armee. Berlin 1951[1], S. 204 ff.
[24]Unbekannter Autor. Vom Heilsbringer zur Hassfigur, http://orf.at/stories/2126841/2126839/#top, 24.05.2016.

auftauchten, flohen die Soldaten weiter Richtung Westen. Am 13. Dezember erreichten sie endlich ihr Ziel, den Njemen, den sie ein halbes Jahr zuvor schon überquert hatten. Damit galt der Russlandfeldzug von Napoleon als beendet,[25] doch er hatte zahlreiche Folgen, die im folgendem präsentiert werden.

7 Folgen

Die Folgen, die der Russlandfeldzug für Napoleon selber hatte, sind sehr weitreichend. Aber auch für Frankreich als Land blieb der Russlandfeldzug nicht ohne Nachspiel. Was der Russlandfeldzug im Nachhinein mit sich zog, wird nun vorgestellt.

7.1 Für Frankreich

Da Frankreich mit Napoleon zum erstem Mal seit langer Zeit einen Krieg verloren hatte, verloren nun viele Verbündete ihr Vertrauen in Frankreich und wandten sich ab. Zunächst konnte Napoleon noch einmal ein Heer aufstellen, welches 300 000 Mann umfasste. Mit diesem Heer gewann er zwar 1813 noch einige Schlachten, dennoch schlossen sich immer mehr Mächte zu Koalitionen gegen Frankreich zusammen. Ein Beispiel dafür ist das Bündnis zwischen Russland und Preußen, welchem im Juni 1813 auch noch Schweden und Großbritannien beitraten, im August schließlich auch Österreich. Zudem besiegte Arthur Wellesly, ein britischer Feldherr, die Franzosen bei Vitoria im Baskenland. Doch das endgültige Ende von Napoleons Macht bedeutete die Völkerschlacht bei Leipzig[26]:

Nachdem Napoleon im August bei Dresden bereits einige harte Niederlagen erlitten, zog Napoleon sich nach Leipzig zurück, um sich auf eine Entscheidungsschlacht vorzubereiten. Doch die Armee von den Bündnispartnern Österreich, Russland, Schweden, Preußen und Großbritannien umfasste circa 350 000 Mann, die Armee des französischen Kaisers dagegen nur 200 000 Mann. Selbst diese Zahl an Soldaten konnte Napoleon nur mit der Hilfe des sächsischen Königs Friedrich August I. Bereitstellen. Die Soldaten machten sich am 16. Oktober 1813 bereit, bis die Alliierten[27] schließen das Gefecht eröffneten. Die Kämpfe waren sehr hart und am

---

[25]Moser, Ulrike: 1812: Russlandfeldzug-Durch Feuer und Eis, in: GEO EPOCHE, Nr. 55, S. 143 ff.
[26]Unbekannter Autor. Vom Heilsbringer zur Hassfigur, http://orf.at/stories/2126841/2126839/#top, 25.05.2016.
[27]Das Wort Alliierte kommt aus dem lateinischen und bedeutet: Verbündete. Im Vordergrund steht bei diese Bündnissen, dass die Verbündeten ihre Streitmächte gegen einen gemeinsamen Gegner mobilisieren. Siehe: Unbekannter Autor. Wer waren die Alliierten? Wer waren die Achsenmächte?, http://www.paedagogik.net/wochenthemen/weltkrieg2/alliierte.html, 25.02.2016.

erstem und zweitem Tag der Völkerschlacht war noch keine Entscheidung in Sicht. Diese bahnte sich erst am 18. Oktober an, denn die Alliierten hatten inzwischen noch einmal Verstärkung bekommen, und die sächsischen Truppen liefen nun von der französischen Seite zu den Alliierten über. Nachdem sich die Kämpfe anfangs auf das Leipziger Umfeld beschränkt hatte, wurden die Franzosen nun weiter Richtung Leipzig zurückgedrängt, bis sie sich schließlich vollkommen in die Stadt zurückzogen. Dort die Alliierten hatten einen Ring um Leipzig gebildet. Durch ein Loch in diesem Ring konnte Napoleon mit einem Teil seiner Armee am Morgen des 19. Oktobers nach Westen fliehen.[28] Um eine neue Machtordnung herzustellen, fand der Wiener Kongress statt, nach welchem Frankreich an sehr viel Territorium verlor, und seine alten Grenzen von 1792 wieder annehmen musste. Aufgrund dieser Niederlage musste Napoleon zudem abdanken, und ihm wurde die Insel Elba als Wohnsitz zugewiesen. Doch nachdem Napoleon noch einmal nach Frankreich zurückkehrte, wurde er nach Sankt Helena verbannt, wo er 1821 schließlich starb.[29]

8 Schlusswort

Die hier vorliegende Trimesterarbeit hat sich mit dem Russlandfeldzug von Napoleon im Jahr 1812 beschäftigt. Um die Problemfrage *„Wie gelang es Zar Alexander, Napoleon aus Russland zu vertreiben und der Macht Napoleons ein Ende zu bereiten?"* zu beantworten, wurden verschiedene Aspekte des Russlandfeldzuges beleuchtet.

Die zentrale Frage, wie Zar Alexander trotz der deutlichen Unterzahl seiner Soldaten den Russlandfeldzug gewinnen konnte, wird nun im folgendem beantwortet: Den Sieg über die französische Armee unter Kaiser Napoleon Bonaparte verdankt der russische Zar vor allem den Bedingungen, die in Russland herrschen. Zum einem ist Russland ein sehr großes Land, in dem teilweise sehr weite Strecken zurückgelegt werden müssen, um von einem Ort zum anderen zu kommen. Das führte dazu, dass die Soldaten, die Napoleon als Verstärkung und Rückendeckung dienen sollten, sehr lange brauchten, um die Hauptarmee zu erreichen, und auf dem Weg dahin auch vor Erschöpfung starben. Zum anderen kann der Winter in Russland sehr heftig sein, so

---

[28]Eberhorn, Johannes . Die Völkerschlacht bei Leipzig, http://www.planet-wissen.de/kultur/ostdeutschland/leipzig/pwiedievoelkerschlachtbeileipzig100.html, 25.05.2016.

[29]Unbekann Autor. Der Niedergang: Vom Kaiser zum Verbannten, http://www.kinderzeitmaschine.de/neuzeit/lucys-wissensbox/kategorie/napoleon-vom-aufstieg-und-fall-eines-kleinen-mannes/frage/der-niedergang-napoleons-abstieg.html?ht=6&ut1=119, 25.05.2016.

---

auch im Jahr 1812. Da der Winter in diesem Jahr dazu noch sehr plötzlich kam, hatten die Soldaten keine Möglichkeit, sich vor der Kälte zu schützen, so dass auch sehr viele französische Soldaten starben. Somit war die Armee von Napoleon schon vor Beginn der eigentlichen Kampfhandlungen sehr geschwächt . Diese Gründe führten also dazu, dass Alexander den Kaiser letztlich aus Russland vertreiben konnte. Doch dieses Ereignis führte noch nicht zur endgültigen Entmachtung Napoleons . Der finale Schlussstrich wurde erst 1813 gezogen, als Napoleon in der Nähe von Leipzig die Völkerschlacht verloren hatte.

In dieser Trimesterarbeit wurde der Russlandfeldzug hauptsächlich aus der Sicht der führenden Persönlichkeiten und Feldherren geschildert, auf die Soldaten wurde dabei weniger eingegangen. Jedoch ist die Autorin der Meinung, dass dieses Thema ebenfalls sehr wichtig ist, um besser zu verstehen, wie die Motivation in der französischen Armee immer weiter sank, zwischendurch wieder Höhepunkte hatte, und schließlich vollkommen verschwunden war. Daher ist die Autorin der Meinung, dass es eine sinnvolle Idee wäre, eine Arbeit über das Thema „die Soldaten im Russlandfeldzug" zu schreiben. Zu diesem Thema gibt es viele Quellen, zudem auch Originalliteratur, wie zum Beispiel das Buch *"Mit Napoleon nach Russland : Tagebuch des Infanteristen Josef Deifel "* von *Josef Deifl und Julia Murken (*Pustet-verlag, 2012). Mit dieser Anregung möchte die Autorin diese Trimesterarbeit beenden.

9 Bibliographie

9.1 Buchquellen

Ullrich, Volker: Napoleon. Der kleine Korse/ Aufstieg mit Fortune/ General des Direktoriums/ Vom Konsul zum Kaiser/ die Krise des napoleonischen Systems. Hamburg 2010[2].

Tarlé, Eugen: 1812- Russland und das Schicksal Europas. Vom Einmarsch der Grossen Armee bis zu ihrem Angriff aus Smolensk/ Von Smolensk bis Borodino/ Borodino/ Tarutino und Napoleons Abmarsch aus Moskau. Berlin 1951[1].

Kleßmann, Eckart: Die Verlorenen- Die Soldaten in Napoleons Rußlandfeldzug. Ein Krieg wird vorbereitet. Berlin 2012[1].

Deifel, Josef/ Murken, Julia: Mit Napoleon nach Russland: Tagebuch des Infanteristen Josef Deifel. Regensburg 2012.

9.2 Zeitungsquellen

Moser, Ulrike: 1812: Russlandfeldzug-Durch Feuer und Eis, in: GEO EPOCHE, Nr. 55.

9.3 Internetquellen

Academic dictionaries and encyclopedias. Universal-Lexikon. Satellitenstaat, http://universal_lexikon.deacademic.com/117669/Satellitenstaat, 15.03.2016.

Dr. Rammacher, Wolfgang. Napoleon und das Wetter 1812, http://www.winterplanet.de/1812/Napoleon1812.html, 28.05.2016

Eberhorn, Johannes . Die Völkerschlacht bei Leipzig, http://www.planet-wissen.de/kultur/ostdeutschland/leipzig/pwiedievoelkerschlachtbeileipzig100.html, 25.05.2016.

Klein, Eugen. Alexander I, http://www.petersburg-info.de/html/alexander_i.html, 28.04.2016.

Unbekannter Autor. Der Feldzug gegen Russland (1812), http://www.badische-jaeger-1832.de/geschichtliches/feldzugrussland1812/, 18.05.2016.

Unbekann Autor. Der Niedergang: Vom Kaiser zum Verbannten, http://www.kinderzeitmaschine.de/neuzeit/lucys-wissensbox/kategorie/napoleon-vom-aufstieg-und-fall-eines-kleinen-mannes/frage/der-niedergang-napoleons-abstieg.html?ht=6&ut1=119, 25.05.2016.

Unbekannter Autor. Vom Heilsbringer zur Hassfigur, http://orf.at/stories/2126841/2126839/#top, 25.05.2016.

Unbekannter Autor. Wer waren die Alliierten? Wer waren die Achsenmächte?, http://www.paedagogik.net/wochenthemen/weltkrieg2/alliierte.html, 25.02.2016.

Von Flocken, Jan. Alexander I. – Ein Zar verschwindet, http://www.welt.de/kultur/history/article996876/Alexander-I-Ein-Zar-verschwindet.html, 03.05.2016.

10 Anhang

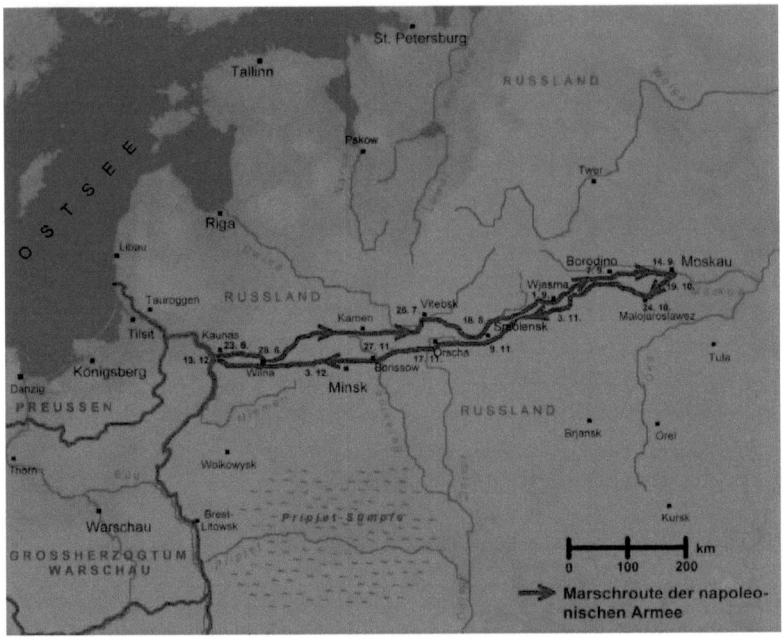

Abbildung 1: Diese Route legte die französische Armee unter Kaiser Napoleon im Jahr 1812 zurück
[30]

---

[30]Dr.   Rammacher,   Wolfgang.   Napoleon   und   das   Wetter   1812,
http://www.winterplanet.de/1812/Napoleon1812.html, 28.05.2016

BEI GRIN MACHT SICH IHR WISSEN BEZAHLT

- Wir veröffentlichen Ihre Hausarbeit, Bachelor- und Masterarbeit

- Ihr eigenes eBook und Buch - weltweit in allen wichtigen Shops

- Verdienen Sie an jedem Verkauf

Jetzt bei www.GRIN.com hochladen und kostenlos publizieren